FRAGMENTS
DE Mʀ DE LULLY,
BALLET
REPRÉSENTÉ POUR LA PREMIERE FOIS
PAR L'ACADEMIE ROYALE DE MUSIQUE,
Le dixiéme jour de Septembre 1702.

Et remis au Théatre, avec des Changements, le Mardy dix-neuviéme jour de Septembre 1708.

A PARIS,
Chez Christophe Ballard, seul Imprimeur du Roy pour la Musique, ruë S. Jean de Beauvais, au Mont-Parnasse.

M. DCCVIII.
Avec Privilege de Sa Majesté.

LE PRIX EST DE TRENTE SOLS.

PERSONNAGES
DU PROLOGUE.

CLIMENE, *Bergere aimée de Silvandre.* Melle. Pouſſin.
SILVANDRE, *Berger, Amant de Climene.*
         Monſieur Mantienne.
AMARYLLIS, *Bergere.*   Melle. Aubert.
MENALQUE, *Berger.*   Monſieur Buſeau.
LYCIDAS, *Berger.*   Monſieur Deſſouches.
Chœurs de Nymphes, de Bergers, & de Bergeres.

DIVERTISSEMENT
du Prologue.

BERGERS.

Monſieur Blondy,
Meſſieurs D-Dumoulin, Dangeville-C., Dubreüille
& François.

BERGERES.

Mademoiſelle Guyot,
Meſdemoiſelles Prevoſt, Douville, Menés & Caré.

á ij

Noms des Acteurs chantants dans les Chœurs du Prologue, & du Ballet.

SECOND RANG.   PREMIER RANG.

MESDEMOISELLES

Basset.	De la Barre,	Guillet.	Laurent.
Daulin.	Veron.	De Belleville.	Dautrep.
De Boisé.			

MESSIEURS

Le Jeune.	Bertrand.	Corbie.	Desmarts.
Mantienne.	Desvoys.	Courteil.	Renard.
Cadot.	Paris.	Dessouches.	Solé.
Lebel.	Buseau.	Marianval.	
Crêté.	Perere.	Verny.	

On vend le Recueil général des Paroles des Opera, en huit Volumes in douze, ornez de Planches,   16. liv.

PROLOGUE.

Le Théatre represente un Temple environné de Boccages.

SCENE PRÉMIERE.

CLIMENE, SILVANDRE, AMARYLLIS.
Chœurs de Nymphes, de Bergers, & de Bergeres.

CLIMENE, & les Chœurs.

Du Temple de la Paix.

Reparons-nous pour la Feste nouvelle,
Le bruit des Concerts nous appelle :
Meslons nos voix au son des Chalumeaux,
Dansons à l'ombre des Ormeaux.

SILVANDRE.

D'un Roy toûjours vainqueur, la vertu sans exemple
Nous asseure un heureux repos.
Les Nymphes de ces lieux ont élevé ce Temple
A l'honneur de la Paix qu'on doit à ce Heros.

PROLOGUE.

La prompte Renommée a publié la Feste
Que dans ce Bois tranquille, avec soin on aprête :
 Cent Peuples de divers Climats
 Viendront entendre nos Musettes,
Et chanter avec nous dans ces belles Retraites
 La Paix & ses charmants appas.

CLIMENE & AMARYLLIS.

Sans crainte, dans nos Prairies
 Laissons nos Moutons paissants :
Les Animaux cruels & ravissants,
 Sont loin de nos Bergeries :
Dans ces beaux lieux nos soins les plus pressants
Sont de joüir des plaisirs innocents.

SCENE SECONDE.
MENALQUE, SILVANDRE, les Nymphes, les Bergers, & les Bergeres.

MENALQUE, & SILVANDRE.

Charmant repos d'une vie innocente,
Nôtre bonheur ne depend que de vous.
Le noir Chagrin suit la Pompe éclatante;
La Grandeur fait des jaloux,
La Fortune est changeante;
Qui reçoit ses dons, doit craindre ses coups.
Charmant repos d'une vie innocente,
Nôtre bonheur ne dépend que de vous.
Tout nous enchante,
Les vrais plaisirs ne sont faits que pour nous,
Nôtre ame est contente,
Quel sort est plus doux?
Charmant repos, &c.

MENALQUE.
Le Prince qui poursuit avec un soin extréme
Les Hôtes furieux des Forests d'alentour,
Aime assez nos Concerts, pour les offrir luy-même
Au grand Roy dont il tient le jour.

LYCIDAS, & les Chœurs.
Que ce Roy vainqueur a de gloire!
Le sort du Monde est en ses mains.
Le bonheur des Humains
Est le seul prix qu'il veut de sa victoire.

SCENE TROISIÉME.

CLIMENE, les Chœurs des Nymphes, des Bergers, & des Bergeres. Une nouvelle Troupe de Nymphes, de Bergers & de Bergeres vient en dansant, au Temple de la Paix.

CLIMENE.

Sans cesse, benissons ce Vainqueur genereux.
Joüissons sous ses loix d'un sort digne d'envie,
Que le Ciel prenne soin d'une si belle vie.
　　Nous ne formons point d'autres vœux,
　　C'est assez pour nous rendre heureux.

Les Nymphes, les Bergers, & les Bergeres unissent leurs voix & dansent ensemble.

CHOEURS.

Joüissons sous ses loix, d'un sort digne d'envie
Que le Ciel prenne soin d'une si belle vie;
　　Nous ne formons point d'autres vœux,
　　C'est assez pour nous rendre heureux.

FIN DU PROLOGUE.

PREMIERE ENTRÉE.
FESTE MARINE.

PREMIERE ENTRE'E.

PERSONNAGES CHANTANTS.

DEUX MATELOTTES.
Mesdemoiselles Veron & de Belleville.

CEPHISE, *Matelotte*, Mademoiselle Aubert.

TIMANDRE, 1er *Matelot*, Monsieur Boutelou.

NEPTUNE.   Monsieur Dun.

HILAS, 2me *Matelotte*,   Monsieur Hardoüin.

Troupe de Dieux de la Mer.

MATELOTTE, *chantant un air Italien*. Mademoiselle Dun.

PERSONNAGES DANSANTS.
MATELOTS.
Monsieur Balon,
Messieurs F-Dumoulin, P-Dumoulin, D-Dumoulin,
Dangeville-L., Dubreüille & Pietre.

MATELOTTES.
Mademoiselle Prevost,
Mesdemoiselles Douville & Ménes.

FRAGMENTS
DE Mʳ DE LULLY,
BALLET.

PREMIERE ENTRE'E.
FESTE MARINE.

Le Théatre represente la Mer.

SCENE PREMIERE.
CEPHISE.

UN Cœur dans l'amoureux Empire
De mille soins est toûjours agité :
On dit qu'avec plaisir on languit, on soûpire ;
Mais, quoy qu'on puisse dire,
Il n'est rien de si doux que nôtre liberté.

Du Bourgeois
Gentil-homme.

SCENE DEUXIÉME.

DEUX MATELOTS & UNE MATELOTTE.

TIMANDRE.

IL n'est rien de si doux que les tendres ardeurs,
 Qui font vivre deux cœurs
 Dans une même envie.
On ne peut être heureux sans amoureux desirs.
 Ostez l'amour de la vie,
 Vous en ôtez les plaisirs.

HILAS.

Il seroit doux d'entrer sous l'amoureuse loy,
 Si l'on trouvoit en amour de la foy ;
 Mais, ô rigueur cruelle !
On ne voit point de Maîtresse fidelle,
Et ce sexe inconstant, trop indigne du jour,
Doit faire pour jamais renoncer à l'amour.

PREMIER MATELOT.

Aimable ardeur !

LA MATELOTTE.

Franchise heureuse !

SECOND MATELOT.

Sexe trompeur !

PREMIER MATELOT.

Que tu m'es precieuse !

BALLET.
LA MATELOTTE.
Que tu plais à mon cœur!
SECOND MATELOT.
Que tu me fais d'horreur!
PREMIER MATELOT.
Ah! quitte, pour aimer, cette haine mortelle.
LA MATELOTTE, au second MATELOT.
*On peut te montrer
Une Maîtresse fidelle.*
SECOND MATELOT.
Hélas! où la rencontrer?
LA MATELOTTE.
*Pour deffendre nôtre gloire,
Je te veux donner mon cœur.*
SECOND MATELOT.
*Mais, Cephise, puis-je croire
Qu'il ne sera point trompeur?*
LA MATELOTTE.
*Voyons par experience,
Qui des deux aimera mieux.*
SECOND MATELOT.
*Qui manquera de constance,
Le puissent perdre les Dieux!*

FRAGMENTS DE Mr DE LULLY.
LA MATELOTTE & LE PREMIER MATELOT.

A des ardeurs si belles
Laissons-nous enflâmer.

TOUS TROIS.

Ah! qu'il est doux d'aimer,
Quand deux cœurs sont fideles.

On entend une Symphonie qui annonce NEPTUNE.

LE SECOND MATELOT.

Des Jeux Pythiens.

Quel noble spectacle s'avance?
Neptune, ce grand Dieu, Neptune avec sa cour,
Vient honorer ce beau jour
De son auguste présence.

BALLET.

SCENE TROISIÉME.
NEPTUNE, Troupe de Dieux de la Mer, de Matelots & de Matelottes.

NEPTUNE, sortant de la Mer.

Vents qui troublez les plus beaux jours,
 Rentrez dans vos Grottes profondes,
Et laissez regner sur les Ondes
 Les Zephirs & les Amours.

LE CHOEUR.
Ouvrons tous les yeux
A l'éclat suprême
Qui brille en ces lieux :

TOUS ENSEMBLE.
Quelle grace extrême !
Quel port glorieux !
Où voit-on des Dieux,
Qui soient faits de même !

UN MATELOT.
Le soin de goûter la vie,
Fait icy nôtre employ ;
Chacun y suit son envie,
C'est nôtre unique loy.

L'Amour toûjours nous inspire,
Ce qu'il a de plus doux :
Ce n'est jamais que pour rire,
Qu'on aime parmy nous.

Du Ballet des Muses.

FRAGMENTS DE Mr DE LULLY,
DEUX MATELOTTES.

Joüissons des plaisirs innocens,
Dont les feux de l'amour sçavent charmer nos sens.
Des grandeurs qui voudra se soucie,
Tous ces honneurs dont on a tant d'envie
Ont des chagrins qui sont trop cuisans.
Joüissons des plaisirs innocens,
Dont les feux de l'amour sçavent charmer nos sens.

En aimant tout nous plaît dans la vie.
Deux cœurs unis, de leur sort sont contens ;
Cette ardeur de plaisir suivie,
De tous nos jours fait d'éternels printemps.
Joüissons des plaisirs innocens,
Dont les feux de l'amour sçavent charmer nos sens.

UNE MATELOTTE.

La tromba d'oro suona,
La Fama, che giù li và,
Vola da riva in riva,
E mi ristora :

E' pace al cor se dona,
Con voci di contento,
Risponder sempre sento
I colli ancora. *Da capo.*

LES CHOEURS.

Ouvrons tous les yeux, &c.

SECONDE

SECONDE ENTRÉE.

LA BERGERIE.

DEUXIE'ME ENTRE'E.

PERSONNAGES CHANTANTS.

PHILENE.
Monsieur Thevenard.

LICAS.
Monsieur Dun.

IRIS.
Mademoiselle Poussin.

Une Bergere,	Mademoiselle Dun.
Un Berger enjoüé,	Monsieur Mantienne.
Un autre Berger,	Monsieur Choplet.
Une Bergere,	Mademoiselle Dautrep.

Troupe de Bergers & de Bergeres.

PERSONNAGES DANSANTS.

BERGERS.
Messieurs Germain, Dumoulin-L., Ferand & Blondy.

BERGERES.
Mademoiselle Prevost,
Medemoiselles Guyot, Caré, Douville & Menés.

DEUXIEME ENTRE'E.
LA BERGERIE.

Le Théatre représente une Solitude agréable.

SCENE PRÉMIERE.
PHILENE.

Du Ballet des Muses.

Aissez, cheres Brebis, les herbettes naissantes,
Ces prez & ces ruisseaux ont dequoy vous charmer;
Mais, si vous desirez vivre toûjours contentes,
Petites Innocentes,
Gardez-vous bien d'aimer.

Pour la cruelle Iris je me sens enflamer.

FRAGMENTS DE Mr DE LULLY,

SCENE DEUXIÉME.

PHILENE, LICAS.

LICAS.

EST-ce toy que j'entens, Temeraire, est-ce toy
Qui nomme la Beauté qui me tient sous sa loy ?

PHILENE.

Oüy, c'est moy.

LICAS.

Oses-tu bien en aucune façon
Proferer ce beau Nom ?

PHILENE.

Eh ! pourquoy non ?

LICAS.

Iris charme mon ame,
Et qui pour elle aura
Le moindre brin de flame,
Il s'en repentira.

PHILENE.

Je me mocque de cela.

BALLET.
LICAS.

Je t'étrangleray, mangeray,
Si tu nommes jamais ma Belle.
Ce que je dis je le feray :
Je t'étrangleray, mangeray ;
Il suffit que j'en ay juré.
Quand les Dieux prendroient ta querelle,
Je t'étrangleray, mangeray
Si tu nommes jamais ma Belle.

PHILENE, en s'en allant.

Bagatelle, Bagatelle.

LICAS.

Arreste, Malheureux,
Tourne, tourne visage,
Et voyons qui des deux
Obtiendra l'avantage.

PHILENE.

Iris paroît dans ce boccage.

LICAS.

Contraignons-nous quelques moments,
Pour entendre ses sentiments.

SCENE TROISIÉME.

IRIS.

De la Naissance de Venus.

ROchers, vous êtes sourds, vous n'avez rien de tendre,
Et sans vous ébranler, vous m'écoutez icy :
L'Ingrat dont je me plains, est un Rocher aussi ;
Mais, helas! il s'enfuit pour ne me pas entendre.

DEUXIÉME COUPLET.

Ces vœux que tu faisois, & dont j'étois charmée ;
Que sont-ils devenus, lâche & perfide Amant ?
Helas ! t'avoir aimé toûjours si tendrement ;
Estois-ce une raison pour n'être plus aimée ?

SCENE QUATRIÉME.
IRIS, PHILENE, LICAS.

PHILENE.

De deux cœurs que l'Amour a soumis à vos loix, *Du Ballet des Muses.*
Nous venons vous presser de vouloir faire un choix.

LICAS.

N'attendez pas qu'icy je me vante moi-même,
   Pour le choix que vous balancez;
Vous avez des yeux, je vous aime,
   C'est vous en dire assez.

IRIS.

Je n'offenserai point son amour ni le vôtre,
   Ne vous reprochez rien tous deux;
Mon cœur qui pour Mirtil brûle de mille feux,
   Ne vous aime ni l'un ni l'autre.

PHILENE.

Helas! peut-on sentir de plus vive douleur!
   Nous preferer un servile Pasteur!
O Ciel!

LICAS.

O sort!

FRAGMENTS DE Mr DE LULLY,
PHILENE.
Quelles rigueurs!
LICAS.
Quel coup!
PHILENE.
Quoy! tant de pleurs!
LICAS.
Tant de perseverance!
PHILENE.
Tant de langueurs!
LICAS.
Tant de souffrance!
PHILENE.
Tant de vœux!
LICAS.
Tant de soins!
PHILENE.
Tant d'ardeur!
LICAS.
Tant d'amour
PHILENE.
Avec tant de mépris sont traitez en ce jour.
Ah! Cruelle!
LICAS.
Cœur dur!
PHILENE.
Tigresse!
LICAS.
Inexorable!
PHILENE.

BALLET.
PHILENE.
Inhumaine!
LICAS.
Inflexible!
PHILENE.
Ingratte!
LICAS.
Impitoyable!
PHILENE.
Tu veux donc nous faire mourir?
Il te faut contenter.
LICAS.
Il te faut obéïr.
PHILENE.
Mourons, Licas.
LICAS.
Mourons Philene.
PHILENE *prenant un javelot.*
Avec ce fer, finissons nôtre peine.
LICAS.
Pousse, courage;
PHILENE.
Ferme, allons, va le premier.
LICAS.
Non, je veux marcher le dernier.
PHILENE.
Puisqu'un même malheur aujourd'huy nous assemble,
Allons, partons ensemble.

C

SCENE CINQUIÉME.

Troupe de Bergers, & de Bergeres.

UN BERGER enjoüé.

Ah ! quelle folie
De quitter la vie
Pour une Beauté
Dont on est rebuté !
On peut pour un Objet aimable,
Dont le cœur nous est favorable,
Vouloir perdre la clarté :
Mais quitter la vie
Pour une Beauté
Dont on est rebuté,
Ah ! quelle folie !

DEUX BERGERS.

Du Bourgeois Gentilhomme.

Ah ! qu'il fait beau dans ce Boccage !
Ah ! que le Ciel donne un beau jour !

Le Rossignol, sous ce tendre feüillage,
Chante aux Echos son doux retour.

Ce beau sejour,
Ce doux ramage,
Ce beau sejour,
Nous invite à l'amour.

BALLET.
LES DEUX BERGERS.

Voi, ma Climeine,
Voi sous ce chêne
S'entrebaiser ces oyseaux amoureux :
Ils n'ont rien dans leurs vœux
Qui les gêne,
De leurs doux feux,
Leur ame est pleine ;
Qu'ils sont heureux !
Nous pouvons tous deux,
Si tu le veux,
Estre comme eux.

UNE BERGERE.

Amour, cruel Amour, soy touché de mes peines,
Ecoûte mes soûpirs, & voy couler mes pleurs.

D'Alcione,
par M. Marais.

Depuis que je suis dans tes chaînes,
Tu m'as fait éprouver les plus affreux malheurs,
Le départ d'un Amant a comblé mes douleurs ;
Mais, malgré tant de maux, si tu me le ramenes,
Je te pardonne tes rigueurs.

Amour, cruel Amour, soy touché de mes peines,
Ecoûte mes soûpirs, & voy couler mes pleurs.

C ij

FRAGMENTS DE Mr DE LULLY,
UNE BERGERE & LE CHOEUR.

De la Princesse d'Elide.

Usez mieux, ô Beautez fieres,
Du pouvoir de tout charmer,
Aimez, aimables Bergeres,
Nos cœurs sont faits pour aimer :
Quelque fort qu'on s'en deffende,
Il y faut venir un jour ;
Il n'est rien qui ne se rende
Aux doux charmes de l'amour.

Songez de-bonne-heure à suivre
Le plaisir de s'enflamer :
Un cœur ne commence à vivre
Que du jour qu'il sçait aimer :

Quelque fort qu'on s'en deffende,
Il y faut venir un jour ;
Il n'est rien qui ne se rende
Aux doux charmes de l'amour.

CHOEUR.

Du Bourgeois Gentilhomme.

Quel spectacle charmant, quel plaisir goûtons-nous ?
Les Dieux mêmes, les Dieux n'en ont point de plus doux !

Fin de la seconde Entrée.

TROISIÉME ENTRÉE.

LES BOHEMIENS.

TROISIE'ME ENTRE'E.

PERSONNAGES CHANTANTS.

UN BOHEMIEN.   Monsieur Cochereau.
UNE BOHEMIENNE. Mademoiselle Dujardin.
UN BOHEMIEN.   Monsieur Choplet.
TROIS BOHEMIENNES, chantant,
Dans nos bois, Silvandre s'écrie.
Mesdemoiselles Laurent, de Belleville, & Veron.
UNE BOHEMIENNE, *qui chante une Cantate.* Melle Dun.
Chœur de Bohemiens, & de Bohemiennes.

PERSONNAGES DANSANTS.

AMERIQUAINS.
Monsieur Balon,
Messieurs F-Dumoulin, P-Dumoulin, Dangeville-L.
& Dangeville-C.

AFRIQUAINS.
Messieurs Germain, Dumoulin-L., Marcelle,
& Javilier.

UN AMERIQUAIN.
Monsieur D-Dumoulin.

UNE AMERIQUAINE.
Mademoiselle Guyot.

TROISIÉME ENTRÉE.

LES BOHEMIENS.

Le Théatre représente un Boccage.

SCENE PRÉMIERE.
UNE BOHEMIENNE.

*Mour trop indiscret, devoir trop ri-* Du Ballet des Muses.
goureux,
Je ne sçay lequel de vous deux
Me cause le plus de martire :
Ah ! que c'est un mal dangereux
D'aimer & de ne l'oser dire !

SCENE DEUXIÉME.
UN BOHEMIEN, & LA BOHEMIENNE.

LE BOHEMIEN.

*des Amours
Déguiez.*

Mes tendres soins & ma langueur
Ne pourront-ils jamais fléchir vôtre rigueur?
Pourquoy faire toûjours un si mauvais usage
De plus beaux jours de vôtre âge:
Vous en rendrez quelque jour
Compte à l'Amour.

LA BOHEMIENNE.

L'Amour sous sa puissance
Tient les Rois & les Dieux:
Ah qu'un cœur seroit glorieux
De luy faire seul resistance!

LE BOHEMIEN.

*Un Ballet d'Al-
geriens.*

Suivez de si douces loix,
Puisque les Dieux & le Rois
Sont obligez de les suivre:
Il est malaisé de vivre,
Sans devenir amoureux;
Mais il faut être aimé,
Pour devenir heureux.

BALLET.
LA BOHEMIENNE.

Je ne dois plus me contraindre,
D'une trop vive ardeur vous êtes enflâmé :
Pour devenir heureux, s'il ne faut qu'être aimé,
Vous n'avez point à vous plaindre.

LE BOHEMIEN.

De cet aveu, que je me sens charmé !
A d'aimables transports, mon tendre cœur se livre :
Il est mal-aisé de vivre,
Sans devenir amoureux ;
Mais il faut être aimé,
Pour devenir heureux.

Pour vous rendre sensible à l'amour qui m'engage,
Je vous ay preparé des jeux :
On vient vous les offrir, recevez-en l'hommage.

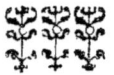

SCENE TROISIÉME.

Troupe DE BOHEMIENS & DE BOHEMIENNES.

UN BOHEMIEN & LE CHOEUR.

Du Ballet des Muses.

D'Un pauvre cœur, soulagez le martire ;
D'un pauvre cœur, soulagez la douleur.
J'ay beau vous dire
Ma vive ardeur ;
Je vous vois rire
De ma langueur.
Ah ! Cruelle, j'expire
Sous tant de rigueur.
D'un pauvre cœur, soulagez le martire ;
D'un pauvre cœur, soulagez la douleur.

UN BOHEMIEN.

Croyez-moy, hâtons-nous, ma Silvie,
Usons bien des moments precieux ;
Contentons icy nôtre envie :
De nos ans le feu nous y convie,
Nous ne sçaurions vous & moy faire mieux :
Quand l'Hyver a glacé nos guerets,
Le Printemps vient reprendre sa place,
Et rameine à leurs champs leurs attraits ;
Mais, helas ! quand l'âge nous glace,
Nos beaux jours ne reviennent jamais.

BALLET.
TROIS BOHEMIENNES.

Dans nos bois, Silvandre s'écrie,
Dans nos bois, il redit cent fois:
Si c'est un mal dangereux que l'amour,
Helas! helas! j'en vais perdre la vie.

UNE BOHEMIENNE.
CANTATE.
Recit.

Sans troubler le repos du tenebreux Empire,
Jusques dans l'avenir, nous avons l'art de lire.

Ariette.

Amant, si vous êtes constant,
Toûjours empressé, toûjours tendre,
Il est aisé de vous apprendre,
Quel est le sort qui vous attend.

Quel Objet pourroit se deffendre?
Esperez, vous serez content,
L'instant est marqué pour se rendre;
L'Amour ameine cet instant,
Pourvû que vous voulieZ l'attendre.

Amant, si vous êtes constant,
Toûjours empressé, toûjours tendre,
Il est aisé de vous apprendre,
Quel est le sort qui vous attend.

On danse, ensuite la Bohemienne continuë la Cantate.

Des Trio de la Chambre du Roy.

Cantate de Mr Campra.

LA BOHEMIENNE.
Recit.

Venez, fieres Beautez, écoutez nos chansons,
Songez à profiter de nos tendres leçons ;
  Vous soumettez à vôtre Empire
   Une foule d'Amants :
Si vous les méprisez, je ne puis vous prédire,
  Que des regrets & des tourments.

Ariette.

L'Amour qui vole sur vos traces,
Ne regne que dans les beaux ans,
Il va s'enfuir avec les graces,
Que vous donne vôtre printemps.

Vous perdez les jours favorables,
Où vos yeux pourroient tout charmer ;
Quand vous ne serez plus aimables,
Que vous servira-t'il d'aimer ?

L'Amour qui vole sur vos traces,
Ne regne que dans les beaux ans,
Il va s'enfuir avec les graces,
Que vous donne vôtre printemps.

LES CHOEURS.

Dans les chants, dans les jeux, passons nôtre jeunesse,
  Le temps changera nos desirs :
  En attendant la sagesse,
  Goûtons toûjours les plaisirs.

Fin de la troisiéme Entrée.

QUATRIÉME ENTRÉE.

LE BAL INTERROMPU.

QUATRIE'ME ENTRE'E.

PERSONNAGES CHANTANTS.

CLEANDRE, *Epoux de Cephise.*   Mr Cochereau.

CEPHISE, *Epouse de Cleandre.*   Mademoiselle Heufé.

ZERBIN, *Valet de Cleandre.*   Monsieur Dun.

DORINE, *Suivante de Cephise.*   Mademoiselle Aubert.

Troupe de Masques.
Un Masque.   Monsieur Germain.
Troupe de Spectateurs du Bal.
Une vieille Venitienne.   Monsieur Boutelou.

ZERBINO.   Monsieur Dun.

DIRCEA.   Monsieur Boutelou.

PERSONNAGES DANSANTS.

Masque,   Monsieur Dangeville-L.

Espagnols.   Monsieur Dumoulin-L., & Melle Chaillou.

Venitiens.   Monsieur Germain, & Mademoiselle Paris.

Masques guais, Monsieur D-Dumoulin, & Melle Guyot.

Allemands,   Monsieur Ferand, & Mademoiselle Menés.

Vieux & Vieilles, Monsieur P-Dumoulin, & Melle Caré.

Un Masque Comique,   Monsieur F-Dumoulin.

QUATRIÉME ENTRÉE.

LE BAL INTERROMPU.

Le Théatre représente une Salle preparée pour le Bal.

SCENE PRE'MIERE.

CLEANDRE deguisé, ZERBIN.

ZERBIN.

Ous ce deguisement, quelle est vôtre entreprise ? *Cette Entrée*
Voulez-vous surprendre Cephise, *est ajoûtée par*
Et luy cacher vôtre retour ? *Mr Campra.*

CLEANDRE.

Que son cœur répond mal à mon fidele amour !

A peine de l'Hymen nous avions pris les chaînes,
Qu'un devoir imprevû m'éloigna de ces lieux :
J'esperois que son cœur partageroit mes peines,
Et que je coûterois quelques pleurs à ses yeux :
Je croyois être aimé ; quelle étoit ma foiblesse !
De retour auprés d'elle, aprés mille regrets,
 Loin de voir regner la tristesse,
Je vois d'un Bal pompeux les outrageants apprêts.

ZERBIN.

Deviez-vous vous flater de l'esperance vaine
Que vôtre éloignement affligeroit son cœur ?
L'absence d'un époux est pleine de douceur,
 Et sa presence est une gêne.

CLEANDRE.

Jamais l'Hymen avec l'Amour
Ne sera-t'il d'intelligence ?
C'est à luy qu'il doit sa naissance ;
Mais il ne sçauroit plus d'un jour
Souffrir ses feux & sa presence :
Jamais l'Hymen avec l'Amour
Ne sera-t'il d'intelligence ?

ZERBIN.

Si l'Hymen par de dures loix
Détruit l'Amour & sa puissance,
L'Amour mécontent quelquefois,
Prend le soin d'en tirer vangeance.

CLEANDRE.

BALLET.
CLEANDRE.

Je veux troubler ces jeux dans mon jaloux transport.
Avant que la feste commence,
Va trouver l'Objet qui m'offense,
Au lieu de mon retour, annonce-luy ma mort,
Je verray si ses yeux me donneront des larmes.

ZERBIN.

Peut-être cherchez-vous de nouvelles allarmes.
Un époux qui veut vivre heureux
Doit toûjours vivre en asseurance :
Quand de l'Objet qu'on aime on soupçonne les feux,
Il n'est rien de si dangereux
Que d'en faire l'experience ;
Un époux qui veut vivre heureux
Doit toûjours vivre en asseurance.

CLEANDRE.

J'en brave le succés : va, ne pren d'autre soin
Que celuy de tromper Cephise :
Sous ce déguisement que le Bal autorise,
Sans crainte d'être vû, j'en seray le témoin.

Il sort.

ZERBIN.

Que je plains son erreur ! mais Cephise s'avance,
D'une vive douleur, empruntons l'apparence.

SCENE DEUXIEME.

CEPHISE, ZERBIN, DORINE,

ZERBIN.

O Ciel! ô fort cruel! que mon fatal retour
Va causer icy de tristesse!

CEPHISE.

à part   à ZERBIN.

Dieux, que vois-je! Cleandre est-il en ce sejour?
D'où vient la douleur qui te presse?

ZERBIN.

O Ciel! ô fort cruel! que mon fatal retour
Va causer icy de tristesse!

CEPHISE.

D'où vient ce trouble affreux? d'où naissent tes soupirs?
Pourquoy ne vois-je point Cleandre?

ZERBIN.

Non, vous ne devez plus l'attendre,
Un destin rigoureux l'arrache à vos desirs.

CEPHISE.

Cleandre... justes Dieux?

ZERBIN.

Ma douleur est extrême,
De son trépas je fus témoin moy-même!

BALLET.
CEPHISE.
Ah ! dans quel desespoir va me jetter sa mort !
ZERBIN à part.
O ! prodige ! elle l'aime !
CEPHISE à part.
O trop funeste sort !
à ZERBIN.
Quel temps as-tu choisi pour venir me l'apprendre ?
La feste & mes plaisirs vont être interrompus,
Quelle douleur !
ZERBIN à part.
O Ciel ! ce n'est point pour Cleandre,
Pour les jeux seulement ces pleurs sont répandus !
Quel amour !
CEPHISE à part.
Un espoir me reste :
à ZERBIN.
N'as-tu point déclaré ce trépas si funeste ?
ZERBIN.
On l'ignore : en secret j'arrive en ce sejour.
CEPHISE.
Je respire : pren soin de garder le silence,
Suy les pas de Dorine, & cache ton retour ;
Tu seras satisfait de ma reconnoissance.
N'interromp point les jeux que j'apprête en ces lieux,
Va, fay ce que je te commande,
Quand le jour renaissant paroîtra dans les cieux,
Tu pourras te montrer, & j'ouvriray mes yeux
Aux pleurs que sa mort me demande.

E ij

SCENE TROISIE'ME.
ZERBIN, DORINE.

ZERBIN à part.

Que Cleandre sera charmé !
Non, il ne fut jamais un époux plus aimé !
Sexe trompeur, quelle est ton inconstance !

DORINE à part.

Tourne-t'il ses regards sur moy ?
Autrefois il suivoit ma loy ;
Mais son cœur s'est servy du secours de l'absence.

ZERBIN à part.

Sexe trompeur, quelle est ton inconstance !

DORINE à ZERBIN.

Aprés avoir souffert un rigoureux tourment,
Je goûte à te revoir une douceur extrême :
Ah ! que c'est un plaisir charmant
De retrouver ce que l'on aime !
Pour nôtre heureux hymen j'attendois ton retour.

ZERBIN.

Non, ne me parle plus ni d'hymen, ni d'amour.
Qu'un autre s'engage
Dans des nœuds si dangereux :
Sur l'exemple des malheureux
J'ay résolu d'être plus sage.

BALLET.
DORINE.
Tu trahis tes serments, & tu reprends ton cœur.
Pour toy j'aurois brûlé d'une ardeur éternelle,
Tu perds en me quittant le plus rare bonheur,
    Tu perds une épouse fidelle.
ZERBIN.
    Aujourd'huy la fidelité
    Est une vertu qu'on ignore,
Serois-tu ce Phenix si long-temps souhaité
    Qu'aucun n'a pû trouver encore!
DORINE.
Trouve-t'on parmy vous un amour plus constant?
Non, non, reprend ton cœur, le mien est content.
L'Hymen est une mer trop sujette à l'orage,
    Nous aurions tous deux à risquer:
    Puisque tu crains de t'embarquer,
    Je crains à mon tour le naufrage.
ZERBIN.
    Quand on a quitté le rivage,
    On se plaint en vain de son sort:
    Il ne reste plus d'autre port,
    Que celuy d'un heureux veuvage.
TOUS DEUX.
    Gardons-nous de nous engager,
    Fuyons l'hymen, fuyons ses peines,
    Ne portons jamais d'autres chaînes
    Que celles que l'on peut changer.

On entend une Symphonie qui commence le Bal.
DORINE.
    On s'assemble, quitte ces lieux,
Va, tu dois prendre soin de tromper tous les yeux.

SCENE QUATRIÉME.

CEPHISE, CLEANDRE masqué, DORINE,
Troupe de MASQUES & de SPECTATEURS.

CHOEUR.

Chantons, réjoüissons-nous
Le temps du plaisir se presente,
Ce temps vole, s'enfuit, & trompe nôtre attente,
Hâtons-nous d'en goûter les charmes les plus doux.

Le Divertissement commence.

CEPHISE.

Nos jeux ont des plaisirs charmants
Pour les cœurs que l'Amour engage ;
Ce Dieu, pour flater les Amants,
En a seul introduit l'usage :
Sous ces déguisements confus
Il donne de l'audace aux Belles,
Il trompe les yeux des Argus
En servant les Amants fidelles.

Beautez qui venez de nos cœurs
Dans ces lieux faire la conquête,
Craignez que ces belles ardeurs
Ne finissent avec la feste :
Si-tôt qu'on vous voit un moment
Chacun vous jure qu'il vous aime :
L'amour qui vient si promptement,
S'en retourne souvent de même.

Le Divertissement continuë.

BALLET.
UN MASQUE.

Amour, en cet heureux moment,
Anime les feux de l'Amant,
Et rend la Beauté moins severe:
Parmy les ombres de la nuit
C'est ton flambeau qui nous éclaire,
Et le plaisir qui nous conduit.

DIALOGUE ITALIEN.
ZERBINO.

Bell'Idolo d'Amore
Se pensate ch'io muoro,
Incendio del mio core,
E' ben vero, é ben vero.

DIRCEA.

Se pensate ch'io v'ami,
E' che voi solo brami,
Temerario é el pensiero,
Non é vero non é vero.

ZERBINO.

Non voi ch'io t'ami,
Non t'amero;
Poi se mi chiami
Non t'udiro.
E' tu bell'Ingrata
Despietata sarai
Guarda che fai,

DIRCEA.

E tuo dolore
Gioir mi fa
Sempre il mio core
Ti fprezzara.
Tu l'inportuno,
Infelice farai,
Guarda che fai.

ENSIEME.

ZERB. ⎫ Defpietata farai,
DIRC. ⎬ Infelice farai
Enfieme. ⎭ Guarda che fai.

CEPHISE, aprés avoir dansé avec un MASQUE du Bal, s'approche de CLEANDRE, & veut le prendre pour danfer; CLEANDRE fe démafque, CEPHISE furprife, s'enfuit

CLEANDRE.

Perfide!... elle me fuit, elle craint ma prefence!
Non, non, quoique j'éprouve une mortelle offenfe,
Je vois vos trahifons fans en eftre irrité:
Mon mépris, mon indifference
Punira vôtre lâcheté:
Allez, n'efperez pas que mon couroux éclatte,
C'eft trop honorer une Ingrate
Que de luy reprocher fon infidelité.

Fin de la quatriéme & derniere Entrée.